国网浙江省电力有限公司

服务新能源高质量发展报告

2025

国网浙江省电力有限公司◎组编

中国电力出版社

CHINA ELECTRIC POWER PRESS

报告时间范围：

2015年1月1日—2024年12月31日（部分内容超出上述范围）

报告数据说明：

新能源：指风能、太阳能、生物质能、地热能、潮汐能等非水可
再生能源。

本报告中的新能源发电，主要指风电和太阳能发电。

前　言

2024年是中华人民共和国成立75周年，也是实现"十四五"规划目标任务的关键一年。国网浙江省电力有限公司坚持以习近平新时代中国特色社会主义思想为指导，认真贯彻浙江省委省政府、国家电网有限公司党委决策部署，完整、准确、全面贯彻新发展理念，坚持稳中求进工作总基调，统筹发展和安全，统筹保供和转型，积极服务构建新发展格局和"双碳"目标，加快构建新型电力系统，持续助力新型能源体系建设，努力争当能源清洁低碳转型的推动者、先行者、引领者。

能源安全新战略提出十年以来，浙江省新能源进入快速发展期，近十年装机增加近43倍，实现从装机补充到配角、逐步向主角的"三跃升"。2024年，浙江省全年新增风、光新能源装机容量1436万千瓦，累计装机容量达到5377万千瓦，占电源总装机容量的35.9%；风、光新能源发电量559亿千瓦时，同比提高37.6%，占总发电量的11.2%，新能源消纳率维持100%。

其间，国网浙江省电力有限公司积极探索具有全国示范性、浙江辨识度的省域新型电力系统建设发展模式，服务经济社会高质量发展，为中国式现代化电力发展贡献浙江经验。努力构建可靠充裕、清洁低碳的电力供应体系，推动新能源科学有序开发，多渠道拓展区外清洁电力入浙，挖潜提升调节资源保供支撑能力，提高新型电力系统运行支撑与保障能力，结合科技强国战略，加强前沿技术研究，打造原创技术策源地，加强核心技术攻关，以电网数字化、智能化支撑能源转型。

从理念到实绩实效，国网浙江省电力有限公司始终坚持奋力走在前列、勇立潮头，以实干笃定前行，绘就一幅服务新能源高质量发展的美丽图景！

编者

2025年4月

目录

新能源累计装机容量
5377万千瓦

2024年新能源发电量
占比**11.2**%

2024年新能源发电量
559亿千瓦时

新能源利用率
100%

主要成效

累计服务新能源场站并网

411842 座

抽水蓄能装机容量

768 万千瓦

电网侧新型储能累计装机容量

203 万千瓦

绿电累计总交易量达

224 亿千瓦时

履责意愿

"绿水青山就是金山银山"，2025年是习近平总书记提出"两山理论"二十周年。

▶ 国网浙江省电力有限公司将继续深入贯彻党的二十届三中全会精神，认真落实党中央、国务院决策部署，进一步强化系统观念，完整、准确、全面贯彻新发展理念，加强配套电网建设和并网服务。

▶ 提升系统调节能力，发挥电力市场作用，坚持清洁低碳是方向、能源保供是基础、能源安全是关键、能源独立是根本、能源创新是动力、节能提效要助力。

▶ 积极服务新能源供给消纳体系规划建设，加快特高压及各级电网建设，推动构建清洁低碳、安全高效的能源体系，全力以赴服务碳达峰碳中和目标，为更好支撑和服务中国式现代化做出贡献。

服务"双碳"促进绿色转型

▶ 全面推进能源清洁低碳转型，深度利用风能、太阳能等新能源，不断拓展绿色产业布局，加快构建以省内特高压交流环网为主心骨、特高压直流为受电主动脉的特高压网架格局，提升清洁电能并入与送出能力。

▶ 着力构建"光伏+抽水蓄能"双轮驱动的绿色发展产业新格局，迭代升级国家绿色技术交易中心，孵化一批绿色低碳转型项目，推动绿色低碳发展成果全社会共享，着力构建清洁低碳、安全高效的能源体系，努力争当能源清洁低碳转型的推动者、先行者、引领者。

加快构建新型电力系统

▶ 聚焦加快发展新质生产力等最新要求，因地制宜构建"资源配置型坚强主网、高效互动型新型配网、全域服务型数字电网"三张网先进生产力和"政策—市场—管理体制机制"先进生产关系协同发展的示范区高质量发展建设框架。

▶ 立足浙江"一个集群"资源特征，发挥浙江"两个枢纽"基础优势，紧扣绿色、安全、经济转型方向，创新构建大受端下大消纳、大枢纽下大调节、大经济下大支撑"三大场景"，奋力服务能源电力高质量发展，发挥"大国重器"和"顶梁柱"作用。

01

发展现状

作为东部沿海省份，浙江是资源禀赋不突出但用能需求旺盛的典型代表，十年来浙江省全社会用电负荷、用电量持续增长。"十四五"以来，负荷年均增长率达7.4%，全社会用电量年均增长8.8%。2021年，浙江电网用电负荷首次"破亿"，成为全国第三个最高负荷破亿的省级电网。截至2024年底，浙江省全社会最高负荷达12333万千瓦，全社会用电量达6780亿千瓦时。

2015—2024 年浙江省全社会最高负荷

2015—2024 年浙江省全社会用电量

在"双碳"目标引领、能源绿色低碳转型的政策背景下，国网浙江省电力有限公司顺势而为、乘势而上，全力促进新能源科学、高质量发展，积极推进新能源大基地建设，服务分布式光伏规模化开发，不断提升光伏、风电等零碳能源占比，努力加强新能源可靠替代能力，构建多元化电力供应体系。

十年间，浙江省内电源装机从7412万千瓦增长至14975万千瓦。继2023年，浙江清洁能源装机容量首次超过煤电装机，在电源结构上实现由煤电为主到清洁能源占主导地位之后，2024年，浙江省内风、光装机突破5000万千瓦，清洁能源装机占比首超五成，超越火电装机占比，标志着浙江能源绿色低碳转型迈入新阶段。

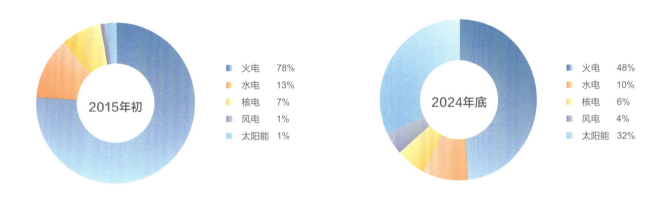

2015年初	
火电	78%
水电	13%
核电	7%
风电	1%
太阳能	1%

2024年底	
火电	48%
水电	10%
核电	6%
风电	4%
太阳能	32%

规模与布局

"十三五"以来，浙江省新能源进入快速发展期，十年间，新能源装机规模增加43倍。2024年，浙江省新能源新增装机1436万千瓦，占全省新增电源装机容量的74.9%，全省新能源装机达5377万千瓦，占全口径装机的35.9%。

2015—2024年浙江省新能源发电装机容量及占比

2024年浙江省

新能源新增装机	全省新能源装机	占全省发电总装机的	十年新能源装机容量
近**1500**万千瓦	**5377**万千瓦	**35.9**%	增加**43**倍

光伏中分布式光伏
约**80**%

新能源中光伏
超**80**%

风电中海上风电
近**80**%

新能源装机结构特点
"3个80%"

● 光伏发展情况

2024年，浙江省光伏新增装机1371万千瓦，累计装机4727万千瓦，其中，分布式光伏装机达3894万千瓦，占比约82.4%。

截至2024年底

光伏累计装机
4727万千瓦

分布式光伏装机达
3894万千瓦

2015—2024 年浙江省光伏装机容量及占比

装机容量　新增装机容量　—●— 占比

年份	装机容量	新增装机容量	占比
2015	164	114	2.0%
2016	338	175	4.1%
2017	814	475	9.1%
2018	1138	324	11.9%
2019	1339	201	13.7%
2020	1517	178	15.0%
2021	1842	325	17.0%
2022	2539	697	21.5%
2023	3357	818	25.7%
2024	4727	1371	31.6%

 专栏

亚洲最大滩涂渔光互补光伏发电项目

2021年12月16日，温州泰瀚55万千瓦渔光互补光伏发电项目实现全容量并网，年发电量达6.5亿千瓦时，每年可节约标准煤23.5万吨，减少二氧化碳排放64.8万吨。

大唐景宁红星街道52兆瓦光伏发电项目

2021年6月25日，大唐景宁红星街道52兆瓦光伏发电项目实现全容量并网，年发电量达6000万千瓦时，每年可节约标准煤2.0万吨，减少二氧化碳排放5.0万吨。

宁波杭湾极氪工厂44.36兆瓦光伏发电项目

2023年8月11日，宁波杭湾极氪工厂44.36兆瓦光伏发电项目实现全容量并网，年发电量近3000万千瓦时，每年可节约标准煤1万吨，减少二氧化碳排放2.5万吨。

● 风电发展情况

2024年，浙江省风电新增装机65万千瓦，累计装机649万千瓦，其中，陆上风电172万千瓦、海上风电477万千瓦。随着后续海上风电项目开发，浙江省预计在"十五五"迎来海上风电的大规模并网。

2015—2024 年浙江省风电装机容量及占比

图例：装机容量　新增装机容量　占比

年份	装机容量	新增装机容量	占比
2015	104	31	1.3%
2016	119	15	1.4%
2017	133	14	1.5%
2018	148	15	1.6%
2019	160	12	1.6%
2020	186	26	1.8%
2021	364	179	3.4%
2022	423	59	3.6%
2023	584	160	4.5%
2024	649	65	4.3%

📋 专栏

国电舟山普陀6号海上风电场

2019年4月12日，国电舟山普陀6号海上风电场25.2万千瓦全容量并网，实现浙江海上风电零的突破，项目年发电量达7.7亿千瓦时，每年可节约标准煤24万吨，减少二氧化碳排放61万吨。

国电浙江象山1号海上风电场

2021年12月23日，国电浙江象山1号海上风电场（一期）25.42万千瓦全容量并网，项目年发电量达7.3亿千瓦时，每年可节约标准煤23.3万吨，减少二氧化碳排放47.7万吨。

华能庆元双苗尖风电场

2017年11月11日，华能庆元双苗尖风电场全容量并网，年发电量达7551万千瓦时，每年可节约标准煤2.5万吨，减少二氧化碳排放6.3万吨。

● 地域分布特点

浙江属于太阳能资源III类地区，年太阳能辐射量在4200~5000兆焦/米^2，呈现平原、盆地、海岛辐射量较大，山区辐射量较小的分布特征。

陆上风能资源方面，浙江属于Ⅳ类地区，理论储量约2100万千瓦，主要分布在海岛、沿海山区、滩涂和内陆高山，年平均风速5~8米/秒。

海上风能资源方面，资源丰富，受台湾海峡狭管效应影响，浙江海域风资源由北向南风速呈递增趋势，年平均风速7.5~8.5米/秒，部分离岸较远海域超9米/秒。

太阳能

年辐射量

4200~
5000兆焦/米^2

陆上风能

理论储量约

2100万千瓦

年平均风速

5~8米/秒

海上风能

年平均风速

7.5~8.5米/秒

截至2024年底

浙江省新能源装机规模**前三**的地市分别为**宁波、嘉兴、台州**，依次是**997万、658万、526万**千瓦；光伏装机规模前三的地市分别为宁波、嘉兴、湖州，依次是**844万、585万、469万**千瓦；风电装机规模前三的地市分别是舟山、宁波、温州，依次是**164万、153万、121万**千瓦。

2024年浙江省各地市风、光装机容量

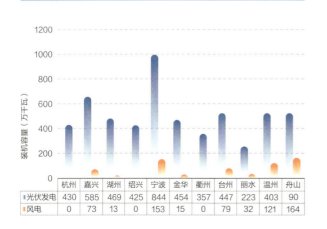

	杭州	嘉兴	湖州	绍兴	宁波	金华	衢州	台州	丽水	温州	舟山
光伏发电	430	585	469	425	844	454	357	447	223	403	90
风电	0	73	13	0	153	15	0	79	32	121	164

2024年浙江省各地市新增风、光装机容量

	杭州	嘉兴	湖州	绍兴	宁波	金华	衢州	台州	丽水	温州	舟山
光伏发电	140	138	138	132	227	158	73	148	54	122	40
风电	0	0	0	0	4	0	8	24	0	31

运行与消纳

● 新能源发电

2024年，浙江省新能源发电量559亿千瓦时，同比提高37.6%，占总发电量的11.2%，呈现"大装机，小电量"特征。

2015—2024年浙江省新能源发电量及占比

累计发电量 ——● 占比

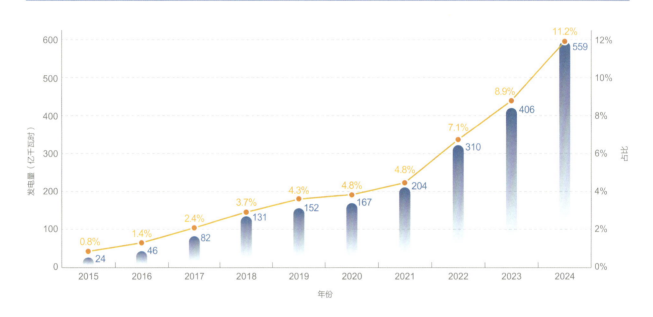

2024年浙江省各地市新能源发电量

光伏　风电

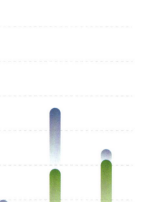

● 新能源出力

多年来，浙江省新能源利用率指标继续保持100%，新能源发电出力逐年提升。2024年，光伏最大出力为2494.4万千瓦，出力占比34.7%；风电最大出力为558.1万千瓦，出力占比7.8%。

2024年春节期间（除夕至正月初八），浙江全省以晴好天气为主，节日期间平均气温较2023年春节高7~8摄氏度，负荷总体比2023年及2022年同期有所下降。其间，光伏发电"三创"新高，最大出力达1944万千瓦，日间最大波动达1489万千瓦，风电最大出力达469万千瓦。

2024年国庆节期间，在强冷空气东移南下及18号台风"山陀儿"综合影响下，在浙江尤其沿海地区出现明显降水、大风，新能源发电整体呈现"前低中高后低"的特点，整体运行平稳。其间，全省新能源最大出力达2305万千瓦，午间最小负荷为5049万千瓦，新能源最大出力占比35.0%。

光伏最大出力及占比

风电最大出力及占比

光伏利用小时数整体呈上升趋势，风电利用小时数发挥稳定。2024年，风光利用小时数分别达到2582、1013小时。

2015—2024年光伏、风电利用小时数

02

新能源并网

国网浙江省电力有限公司全力推动开展全省新能源消纳能力评估，坚持"全网统筹、量率一体"，全省一盘棋统筹考虑新能源接入，常态化滚动新能源输电规划研究，积极提升新能源项目接网服务水平，依托新能源云、"网上国网"等线上平台，提供并网接入结算全流程一站式服务，加强项目跟踪，提升服务能力。

源网协同

● 新能源输电规划

"十四五"以来，浙江省新能源发展进入加速提质新阶段，面临着既要适应大规模开发，又要服务高水平消纳，更要保障电力安全可靠供应等多重挑战。在此背景下，国网浙江省电力有限公司提前研究谋划，聚焦温州、台州、宁波、舟山、丽水等资源禀赋丰富地区，重点明确浙江未来新能源整体接入方案，引导新能源空间上科学布局、时间上有序开发。

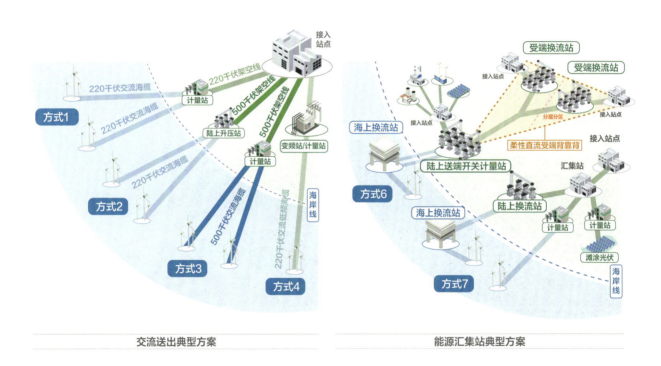

交流送出典型方案　　能源汇集站典型方案

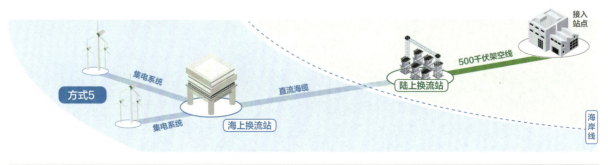

直流送出典型方案

推动建设世界首个500千伏能源集成站，打造新能源规模化接入"浙江样板"

瑞安能源集成站将研制与应用世界"首台套"全能型能源汇控器、轻型化混合换流器、多元扰动治理装置、新型能源生态管控平台等多项重大创新装备，以"节约化利用电网资源、集中化治理并网污染，集成化塑造对外特性"为原则，实现电源友好、电网友好和全社会友好。

● 海上风电发展规划

2023年浙江省新增规划海上风电3650万千瓦，其中省管海域（近海）850万千瓦，包括舟山海域40万千瓦、宁波海域210万千瓦、台州海域200万千瓦、温州海域400万千瓦，共规划风电场18个；国管海域（深远海）2800万千瓦，共规划国管海域海上风电场6个，分布于浙北、浙中和浙南海域。

批复规模超过福建、江苏，在全国各省市中排名第一

● 分布式光伏接入

浙江作为国家能源局选取的首批省域试点，积极推进分布式光伏承载能力评估，并逐步向全省地市、县推广，确定电网承载力"红黄绿"预警等级，具备条件的地市、县探索开展逐站、逐台区分布式光伏接入消纳空间分析。

服务分布式新能源发展28条常态化工作举措

成立公司服务分布式新能源发展工作专班，健全完善常态化工作机制，从做好常态化统计监测、做好评估分析和预警、有效提升电网承载力、提升并网服务水平、加强政企协同联动、确保信息公开透明六方面，统筹制订服务分布式新能源发展28条常态化工作举措，形成整体工作布局。

做好常态化统计监测　　提升并网服务水平

六大工作机制

做好评估分析和预警　　加强政企协同联动

有效提升电网承载力　　确保信息公开透明

📋 **专栏**

国网宁波供电公司构建四位一体区域级光伏导航电子地图

开发光伏导航电子地图，实现分布式光伏发展"资源可视、方案智能、消纳精准、早期预警"。截至2024年底，国网宁波供电公司在前湾新区完成31个供电网格、19座变电站、346条配电线路、1821台公用配电变压器的光伏承载力"红黄绿"三色评级，解决潜在重过载监测、设备承载力评估的难题，将新能源消纳能力热力图融合至"光伏地图"，为政府能源主管部门实施新能源发展规划提供有力支撑。

● 新能源消纳能力测算

逐年开展全省多场景新能源消纳分析工作，搭建相关测算模型，滚动调整电源装机、省间通道、用电需求等边界条件和参数，细化分析省内新能源消纳情况，并提出促进新能源消纳的措施建议。

2030年浙江省典型日96点生产时序模拟　　抽水蓄能　核电　火电　区外机组输入电力　水电　新能源　——全社会负荷

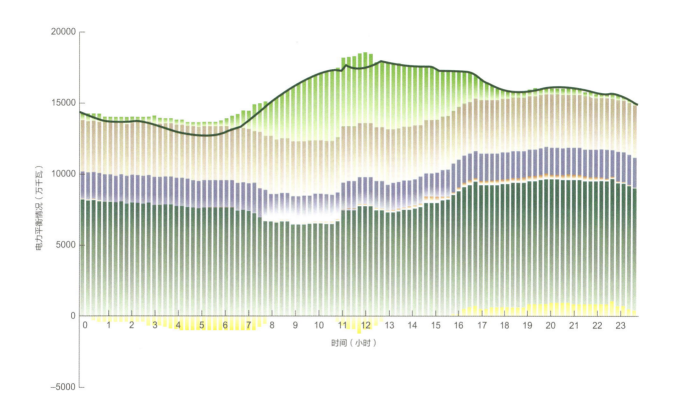

作为省内新能源消纳压力较为突出的地区，丽水全域、温州南部五县等县域政府出台了新能源"量率一体"政策，明确"新能源利用率按照不低于95%控制，并根据源网发展情况滚动调整"。

● 提升电网新能源资源配置能力

浙江坚持增加清洁外来电和推动省内新能源发展"两条腿走路"，既推动供给侧电源清洁化，又加快建设省内特高压骨干网架，构建分区合理的500千伏网架，为新能源大规模输送创造条件。

跨省输电通道、特高压交流环网

特高压是能源传输的"动脉"，浙江省特高压电网从"十二五"开始动工建设，目前已形成"两交三直"特高压骨干网架，宾金、灵绍和金塘特高压直流工程在新能源跨时空输送上持续发力，助力更多外来电注入浙江电网，皖电东送和浙北—福州特高压交流输变电工程连接上海、安徽、福建三省，共同奠定浙江成为华东电网电力枢纽的地位。

在不远的将来，浙江电网还将迎来甘肃—浙江±800千伏特高压直流、特高压交流环网等工程，构建"一环四直"特高压主网架，推动国家电网有限公司首条送受端全容量特高压柔直工程落地，确保浙江未来大规模新能源、沿海电源及抽水蓄能有序接入、可靠送出，为浙江省建设共同富裕示范区做出更大的贡献。

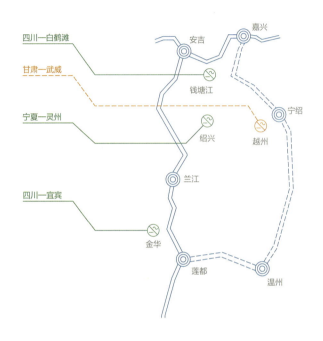

▤ 专栏

特高压±800千伏金塘直流输电工程

我国"十四五"期间开工的首个特高压直流工程，于2023年6月投运，输送容量800万千瓦，线路长度2140千米，途经四川、重庆、湖北、安徽、浙江5省（市）。每年为浙江输送电量超300亿千瓦时，可节约标准煤约1057万吨，减少二氧化碳排放约1919万吨。

每年

为浙江输送电量超
300亿千瓦时

可节约标准煤
1057万吨

减少二氧化碳排放约
1919万吨

省内重点输电通道

▤ 专栏

建德500千伏输变电工程

工程新增变电容量200万千伏安，线路长度204.8千米，新建铁塔272基，于2024年5月10日投产。投运后，提高了浙西南电网供电可靠性和供电能力，为建德抽水蓄能电站接入创造条件，兼顾解决浙西南东部外送通道压力，提升500千伏网架送受电能力。

±200千伏舟山五端柔性直流输电示范工程

世界首个五端柔性直流输电工程，于2014年7月4日正式投产，共建有5座换流站，总容量100万千瓦，在舟山群岛岛际间架起一个直流互联电网，加强了舟山北部多个海岛电网间的电网互联。

嘉兴1号海上风电220千伏送出工程

线路起于嘉海风电场，穿越嘉兴平湖和嘉善两地后接入汾湖变电站并入浙江主网，线路全长超54千米，可满足嘉海风电场100万千瓦全容量并网，是目前浙江海上风电集群中最重要、输送能力最大的送出通道。工程投产后，每年可提供清洁电能近20亿千瓦时，节约标准煤约63.6万吨，减少二氧化碳排放130.2万吨。

接网服务

为更好服务新能源高质量发展，持续提升清洁能源优化配置和消纳能力，2023年8月，国网浙江省电力有限公司根据电网公平开放的原则，完善了《国网浙江省电力有限公司电源接入和电网互联前期工作管理实施细则》，进一步优化了工作流程和时限，提供更规范、优质、高效、便捷的接入前期工作服务。

● 积极服务分布式光伏规模化接入

完善分布式光伏项目接入标准

2023年，国网浙江省电力有限公司出台《国网浙江省电力有限公司关于进一步明确分布式光伏发电项目接入有关标准的通知》，明确并网电压等级、装机容量等接入要求，进一步明确省内分布式光伏项目接入标准，统一化、规范化服务分布式光伏开发。

研发上线"绿电碳效码"应用

依托"网上国网"App对分布式光伏项目发电水平分级评价，生成绿、蓝、黄、橙、红色码五色码，为光伏项目业主和光伏运维企业提供专业咨询、交易撮合等服务，并为政府提供光伏碳效统计。

优化分布式光伏项目并网服务流程

依托"网上国网"App，开发线上流程，在全国率先实现客户从并网申请到接入方案确认，再到验收申请、签订合同全流程线上办理，并为户用光伏项目提供代备案服务，最大限度减少用户奔波，实现光伏并网全流程线上办电。

创新分布式光伏"一站式"服务模式

依托"光伏云网"为客户提供前期政策查询、建站咨询到项目投运后电量电费查询、发电效能在线评估等环节的"一站式"服务，切实提升分布式光伏服务水平和并网效率。创新分布式光伏云结算服务，贯通电力营销系统、信息采集系统、财务管控系统，实现电费结算业务实时化、无纸化、电子化运转，以"零见面""零跑腿"的方式，向客户提供结算一次都不跑的结算体验。

● **开展储能并网服务专项行动**

2024年，国网浙江省电力有限公司积极开展储能并网服务专项行动，清单化协调管控新型储能并网进度，确保新型储能安全按期并网，浙江迎峰度夏前计划投产的新增新型储能项目全部并网。同时，编制印发《浙江电网新能源（储能）场站并网调度服务指南（试行）》，规范并网服务内容，完善服务标准。

配电网技术升级

国网浙江省电力有限公司坚持"就地平衡、就近平衡"，通过打造省域能量管控平台，推进台区智能终端融合、中低压柔性互联等配电网形态创新、分区县开展配电网承载能力评估等方式全面促进新能源消纳，全力推进配电网与源网荷储资源科学有序融合发展。

● **并网管控**

加强光伏台区管控，加强配电网运维监控，做好分布式光伏电能质量监测、配电网运行方式优化和光伏出力调控。开展柔性互济消纳，针对分布式光伏集中建设区域（渗透率超80%以上），试点交直流混配低压网架结构，实现分布式光伏直流侧接入，配合就地储能，实现多台区柔性互济下的分布式光伏消纳就地平衡控制，实现台区新能源高效消纳。

📝 **专栏**

国网杭州供电公司创新"插座式"光伏接入管理

创新分布式光伏"插座式"接入管理，引导分布式光伏接入管理变分散为统一、变无序为有序、变被动为主动，实现光伏并网如插头插入插座"即插即用"的并网模式。

● 推进台区智能终端融合

在宁波梅山、安吉余村等地，国网浙江省电力有限公司持续开展配电物联网示范台区建设工作，打造全透明感知有源配电网台区，拓展"源—网—荷—储"协同融合自治运行能力，实现对台区内用户光伏、分布式储能、可中断负荷等资源的调节控制。

安吉余村智能开关站

杭州钱塘多能互补零碳柔直示范区

杭州钱塘多能互补零碳柔直示范区位于杭州市钱塘区临江高科园，是杭州市首个融合柔性直流、氢电耦合、多能互补的"零碳"绿色园区。具备风机、光伏、化学储能、氢储能等多能源接入；半桥、全桥、混合型等多类型柔性开关；直流充电桩、直流生产线、直流家电等多类型负荷，实现风光储氢的多能耦合，打造能源互联新形态。通过数字化能量管理系统，根据新能源特征和电网峰谷平特点，以数字化电力调度手段实现园区零碳用能，实现碳排放最优化和经济运行。

杭州钱塘多能互补零碳柔直示范区

专栏

宁波打造国网数字化配电网示范区

从"无限风光"到"风光无限"，规模化分布式资源对宁波配电网有限承载力发起"挑战"，国网宁波供电公司作为国家电网20家数字化配电网示范区培育单位之一，围绕数字化和配电网实体，按照以数映实、以数控实、以数优实、数实互动四个层次，把握物理、数字、商业三种形态，服务海量分布式新能源有序、友好发展。

宁波富北村5号公变光储充驿站

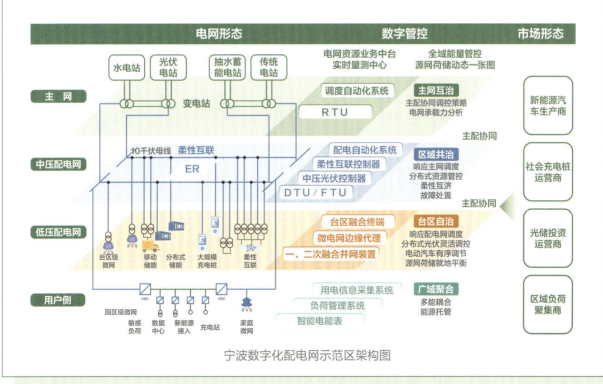

宁波数字化配电网示范区架构图

政企协同

国网浙江省电力有限公司

与11个地市政府持续深化政企协同合作，推动能源结构优化，加快新型电力系统建设，共谋绿色发展、共享共赢新机遇。

国网丽水供电公司

政企协同建立新能源"两图三库"管理机制，政电联动开展光伏资源排查，建立新能源资源分布一张图和电网消纳能力一张图，根据电网可开放容量和规划时序，梳理形成"加快建设库、深化前期库、高效储备库"3类55个项目，科学合理安排未来3年全市新能源开发时序。

国网绍兴供电公司

积极与地方政府、发改委等部门沟通汇报能源发展等相关工作，"十四五"期间，逐年推动政府出台新型电力系统建设、新能源及储能等方面的政策支持，包括新能源装机年度目标、电网侧储能按上级1:1配套补贴、光伏发电量补贴等支持政策。

国网嘉兴供电公司

在嘉兴多地，政府和供电企业共同提出"人人光伏"发展构想，引导企业和居民在厂房和屋顶安装光伏。2023年，国网嘉兴供电公司联合嘉兴市发展改革委等部门印发《嘉兴市"光伏+储能+虚拟电厂""三位一体"综合示范项目建设实施方案》，全年分布式光伏新增并网规模达到预期目标2倍，建成市域虚拟电厂管控平台并正式运行，新建用户侧新型储能统一接入管理平台，在分布式光伏持续快速增长条件下保障全额高效消纳。

数字化平台

● 新能源云平台

顺应能源革命与数字革命相融并进的时代大势，新能源云积极服务新能源高质量发展，将新一代信息技术与新能源全价值链、全产业链、全生态圈和碳达峰碳中和的业务深度融合，聚集全数据要素，构建新型新能源数字经济平台。

新能源云共由包括碳中和支撑服务在内的15个子平台构成，可为政府、社会、企业及用户提供碳管理服务，赋能全社会绿色低碳发展。

"全流程"并网管理一站式服务

新能源云平台为发电企业提供全口径电源接网服务，提供电源的规划、接入前期、并网、运行、交易、补贴等项目全环节一站式线上服务。

构筑碳中和服务体系

碳中和支撑服务平台以破解碳效测、评、用、治为导向，贯通碳—能—电产业链条，是政府、企业分类分层分策实施碳管理的"得力助手"。

新能源云碳中和支撑服务平台应用体系示意图

● "网上国网"

"网上国网"App是国家电网有限公司官方统一线上服务入口，为居民、企事业、电动汽车等各类用户群体，提供办电、交费、查询等"一网通办"服务，让电力客户办电、用电实现"线上办、指尖办、自助办"。

新能源方面，为光伏客户提供建站咨询、光伏新装、上网电费及补贴结算等特色服务。

截至2024年底，"网上国网"累计注册用户数3045.1万个，实名认证用户数1906.2万个，绑定户号用户数1433.8万个，绑定户号数1830.9万户。

03

系统调节

国网浙江省电力有限公司持续提升系统平衡调节能力，提高新能源功率预测精度，加强省间调峰互济，推动储能高效利用，提高新能源支撑能力，为新能源高比例消纳和系统安全运行提供坚实保障。

持续提升系统平衡调节能力

● 全力推进火电灵活性改造

为充分响应电力系统的波动性变化，实现降低最小出力、快速启停、快速升降负荷等目标，国网浙江省电力有限公司持续对传统火力发电机组进行技术升级和优化，2020—2024年，浙江省累计完成煤电灵活性改造机组34台，总容量2759万千瓦。

2020—2024年浙江省煤电机组灵活性改造情况

容量 ━●━ 台数

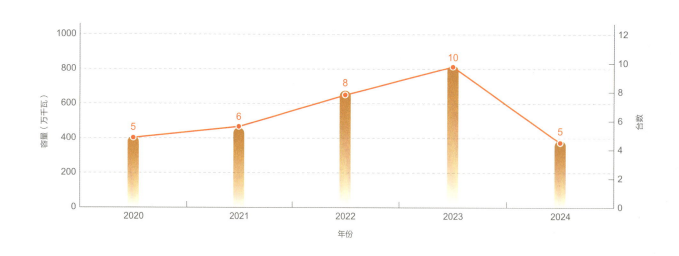

● 有效深化全流域水电优化调度

建立全流域水电优化调度控制系统，实现库容和径流水电站协同优化调度。可结合水电站流域关系、水雨情、发电能力等信息，科学安排流域内水电机组群的开机策略，使水流同时到达流域内多个径流电站，同流域内各类型水电站同时发电，显著提升水电发电同时率和顶峰能力。利用龙头水库优势，主要库容水电在迎峰度夏前及时蓄水，在迎峰度夏期间顶峰出力保供。

● 持续提高抽水蓄能利用水平

浙江省在抽水蓄能电站的建设上具备得天独厚的自然条件，截至2024年底，全省在建抽水蓄能电站17座，总装机容量1990万千瓦；在运电站7座，总装机容量768万千瓦，占水电总装机容量的51.3%。

浙江省在运抽水蓄能电站

电站名称	所在地点	装机容量（万千瓦）	投运时间
溪口	宁波奉化	8	1998 年
天荒坪	湖州安吉	6×30	2000 年
桐柏	台州天台	4×30	2006 年
仙居	台州仙居	5×30	2016 年
长龙山	湖州安吉	6×35	2022 年
宁海	宁波宁海	4×35	2024 年部分投运
缙云	丽水缙云	6×30	2024 年部分投运

浙江省在建抽水蓄能电站

电站名称	所在地点	装机容量（万千瓦）
天台	台州天台	4×42.5
衢江	衢州衢江	4×30
乌溪江	衢州衢江	29.8
紧水滩	丽水云和	29.7
磐安	金华磐安	4×30
景宁	丽水景宁	4×35
松阳	丽水松阳	4×35
永嘉	温州永嘉	4×30
泰顺	温州泰顺	4×30
建德	杭州建德	6×40
庆元	丽水庆元	4×30
青田	丽水青田	4×30
桐庐	杭州桐庐	4×35
柯城	衢州柯城	4×30
江山	衢州江山	4×30

2024年，国网浙江省电力有限公司抽水蓄能电站年发电量合计88.5亿千瓦时，平均发电利用小时数1280小时。

浙江电网抽水蓄能电站运行情况

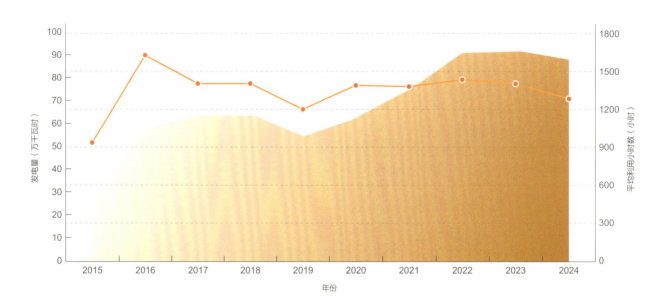

年份

专栏

浙江安吉：筑梦抽水蓄能之巅

作为"绿水青山就是金山银山"理念发源地，早在2000年，浙江安吉就建成了当时装机容量"亚洲第一，世界最大"的天荒坪抽水蓄能电站。总装机容量180万千瓦，年均发电量超30亿千瓦时，每年可节省标准煤约38.4万吨，减少二氧化碳排放81万吨，在华东电网削峰填谷、调频调相以及电网稳定中起到至关重要作用。

2021年，华东地区最大抽水蓄能电站——长龙山抽水蓄能电站投产，总装机容量210万千瓦，年均发电量超24亿千瓦时，每年节省标准煤约28万吨，减少二氧化碳排放56万吨。
目前，安吉境内已拥有两座大型抽水蓄能电站，总装机规模达390万千瓦，跃居世界第一。

浙江天台：行在路上

浙江天台蕴藏着得天独厚的抽水蓄能资源，2006年，天台境内第一座抽水蓄能电站——桐柏抽水蓄能电站投产，总装机容量120万千瓦，年均发电量超17.6亿千瓦时，每年节约标准煤61.5万吨，减少二氧化碳排放153.1万吨，是华东电网重要的稳压器、调节器和平衡器。

桐柏抽水蓄能电站出力曲线

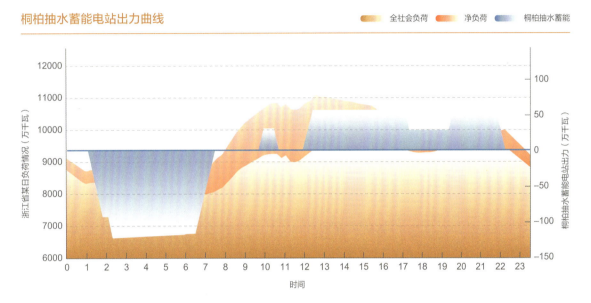

目前，天台境内的第二座抽蓄电站——天台抽水蓄能电站正在加紧建设中，装机容量达170万千瓦，其多项技术刷新世界和国内工程纪录。

桐柏抽水蓄能电站

● 全面提升新型储能调度利用水平

新型储能是建设新型电力系统和新型能源体系的关键技术，更是抢占未来发展机遇、推动经济绿色转型的战略性新兴产业。作为典型的用电大省和资源小省，浙江的新型储能装机容量已经走在了全国前列。

截至2024年底

浙江省电网侧新型储能电站共计	总装机容量为	其中2024年新增储能电站	新增装机容量
36座	**203.1**万千瓦	**22**座	**178.5**万千瓦

2023年全年，浙江省储能充电6993.6万千瓦时，放电6062.1万千瓦时，全省储能等效利用小时数1106小时，在国网经营区内排名第二。2024年全年，浙江省储能充电141144.9万千瓦时，放电123567.8万千瓦时，全省储能等效利用小时数1291小时。配合省能监办常态化开展第三方辅助服务削峰调峰和填谷调峰交易，吸引省内新型储能参加。

2024年全年

储能充电	储能放电	全省储能等效利用小时数
141144.9万千瓦时	**123567.8**万千瓦时	**1291**小时

萧山发电厂电化学储能电站

2022年8月，华东地区首台独立大型集中式储能电站——萧山发电厂电化学储能电站正式并网，装机规模50兆瓦，最高可储存电量100兆瓦时。

萧山发电厂化学储能电站

迎峰度夏期间萧山储能电厂"三充三放"曲线

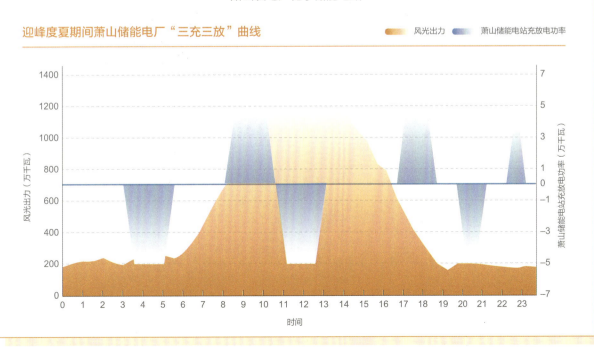

提高新能源调度管理能力

● 建设新一代调度技术支持系统

主要包括集中式新能源场站预测、新能源概率预测、重大天气过程预测和新能源预测评估应用功能。支持多时间周期滚动的新能源调度和电力电量平衡，提升多种能源综合利用效率。

场站预测

集中式新能源场站预测基于数值天气预报、新能源场站历史的实际功率、理论功率、测风/测光等数据，实现新能源在不同空间尺度的超短期、短期功率预测。

新能源概率预测

以大量历史运行数据为基础，通过对历史预测误差的挖掘分析，建立在数学上可描述的概率分布模型，基于确定性预测结果，给出不同概率下可能出现的误差范围的估计。

● 持续提升新能源涉网性能与支撑能力

2024年全面深化新能源涉网能力提升及省地自动发电控制（automatic generation control，AGC）协同控制技术应用，完成新能源发电厂涉网性能验证62台次，覆盖统调、地调多类型电站，新增灵活性调峰调频光伏电站19台次、风电场10台次、储能电站33台次。

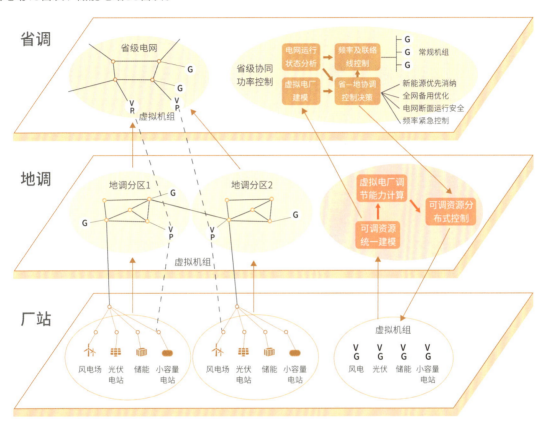

● 推动分布式光伏可观、可测、可调、可控

在试点地市依托电力4G无线专网或调度数据网，完成分布式电源群控群调示范应用，并将多数10千伏及以上分布式光伏场站接入主站控制系统。通过部署分布式电源群控群调平台作为分布式电源"可视、可控、可优"技术支撑的核心环节，将指令下发至分布式光伏场站逆变器，实现主配网分层分级协同的有功功率控制和无功电压调节。

积极推动车网融合互动

截至2024年底，浙江省公共充电桩约18.3万个，个人充电桩报装达174.2万户，浙江省充电量达91.6亿千瓦时，约占全社会用电量的1%。

"十四五"以来，国网浙江省电力有限公司积极推动车网互动建设，激发新能源汽车作为灵活性储能资源的调节潜力。截至2024年底，浙江省内累计聚合充电站3648个、充电桩22457个，实现充电桩有序充电功能改造升级9763个，建设双向充放电（vehicle-to-grid，V2G）示范站17个，累计接入V2G桩102个。

调节能力	市场参与
• 额定功率达142万千瓦	• 国内首次实现新能源汽车参与旋转备用辅助服务
• 峰值实际负荷约25万千瓦	• 累计参与调峰辅助服务33次
• 实际最大削峰负荷超4.0万千瓦	• 响应电量约17.5万千瓦时
• 累计响应电量超62万千瓦时	• 累计参与需求响应13次
• 具备秒级、分钟级、日前响应能力	• 最大削峰负荷达4.0万千瓦
	• 单次最大响应时长6小时
	• 总响应量超45.5万千瓦时

杭州萧山亚运村示范充换电站

杭州萧山亚运村示范充换电站是全国首个同时拥有无线充电、大功率充电、V2G充电、换电功能的未来出行示范充换电站，站内配备了8个500千瓦大功率充电装置、8个无线充电停车位、8个V2G充电桩及换电设施，其中数智赋能的60千瓦双向V2G充电桩接入了全域能量管控平台，可实现毫秒级的负荷实时智慧调度。

浙江首个V2B场景电动汽车充放电示范站

2023年11月，浙江首个车楼双向能源互联(vehicle-to-building，V2B)场景电动汽车充放电示范站在宁波江北区绿地中心投运，将双向逆变式充放电技术应用于商业建筑楼宇，电动汽车为办公楼宇接上移动"充电宝"，统一接受充放电策略的调度，参与电网削峰填谷、需求响应及辅助服务。

实现"新能源车充新能源电"

国网浙江电力有限公司紧紧围绕服务新能源汽车产业绿色发展、服务新型电力系统建设的责任使命，利用充电负荷的灵活调节潜力促进新能源发电消纳，实现"新能源车充新能源电"。截至2024年底，累计完成绿电交易超1亿千瓦时，在杭州、湖州、金华等地打造8472个绿色充电桩并开展运营活动，消纳绿电7885万千瓦时，并通过"电力交易+充电服务"有效提高充电负荷对绿电合约的带曲线消纳能力。

04

市场交易

持续推进绿色电力市场建设

国网浙江省省电力有限公司积极推动绿电、绿证两个绿色市场协同发展，促进绿电绿证交易规模显著扩大，通过市场机制全面反映绿色电力的电能价值和环境价值，不断激发绿色电力消费活力。

● 持续完善绿电市场建设

2021年，国网浙江省电力有限公司推动省发展改革委、省能源局、能监办先后印发《关于开展2021年浙江省绿色电力市场化交易试点工作的通知》《关于做好2021年浙江省绿色电力市场化交易相关工作的通知》，浙江成为全国首个出台省级绿电交易政策及试点配套支撑文件的省份。

2022年以来，浙江省发展改革委先后出台《浙江省能源保供稳价绿色低碳发展三年行动方案》等文件，鼓励开展绿色电力交易，营造绿色低碳社会风尚。

2024年，促请政府部门修订印发《浙江省绿电绿证市场化交易工作细则（试行）》，并形成浙江电力市场中长期交易细则——绿电专章，细化完善绿色电力交易相关管理要求，结合省内新能源禀赋特点，进一步规范分布式项目聚合参与交易相关事项，保障浙江绿电市场稳定持续发展。

● 绿色电力交易规模进一步扩大

浙江省绿电交易量从2021年的3亿千瓦时累计增加到2024年底的113亿千瓦时，增长近38倍，其中，省间成交电量占比14%，省内成交电量占比86%。绿电交易用户数量从33户增长到2万余户。

首创分布式绿电聚合交易

浙江率先推动分布式电源聚合参与绿电交易，结合用户消费需求与浙江资源禀赋，允许聚合商通过"e–交易"平台代理小而散的分布式新能源参与绿电市场，支持聚合商按月调整代理的分布式新能源，促进了绿电的环境权益价值变现。

2024年，浙江109家分布式聚合商共促成交易电量超23亿千瓦时，占浙江省内绿电交易的22.3%，有力支撑了省内绿电市场发展。

数据

109家
分布式聚合商

交易电量超
23亿千瓦时

占浙江省内绿电交易
22.3%

首创分布式参与聚合交易新机制

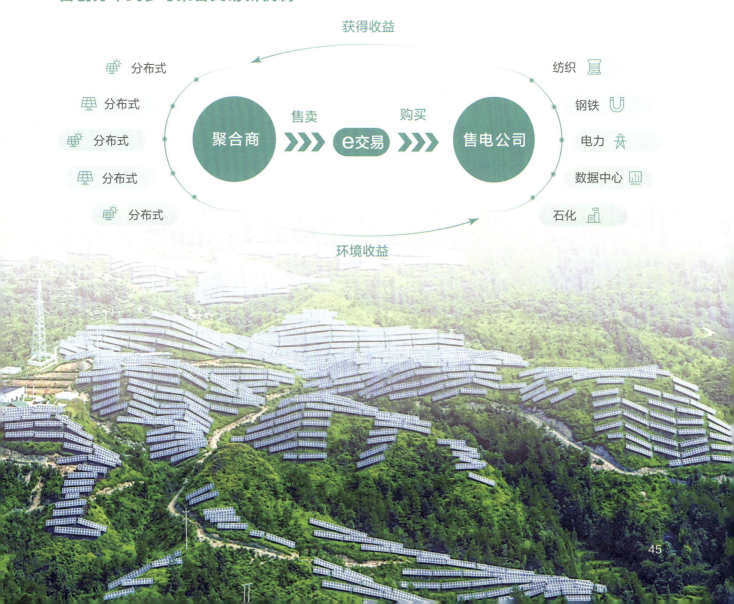

● 绿色电力证书交易规模快速增长

2024年，绿证交易数量呈爆发式增长，浙江全年购买省外绿证6188万张（折合电量618.8亿千瓦时），同比增长144倍，占国网经营区绿证交易总量的35%，位列第一。

📄 **专栏**

创新开展绿色电力证书交易——助力余村建成"零碳乡村"

2023年，安吉余村达成绿电交易电量621.2万千瓦时，购买绿证2878张，实现了余村全域429户用户，从居民到商业的绿色用能全覆盖，助力余村建成全国首个全要素"零碳乡村"。

● 绿电助力首届"碳中和"亚运会

浙江依托绿色电力交易机制开展亚运绿电交易，点亮首届"碳中和"亚运会。坚持"省间为主，省内聚合"的交易模式，聚合浙里风光，打造亚运绿电溯源系统，创新性引入区块链技术，实时跟踪展示绿电数据，让亚运场馆绿电供应有迹可溯、有数可查、有据可证。

数据

组织**11**场	2023年交易电量	**65**座亚运场馆	亚运会史上首次全部竞赛场馆
亚运绿电交易	**3.9**亿千瓦时	及办公场地全部使用绿电	常规电力**100**%绿电供应

绿色技术交易

2021年5月12日，国家发展改革委批复以国网浙江省电力有限公司双创中心为主体设立全国首个国家绿色技术交易中心。中心定位于打造市场导向的绿色技术交易综合性服务平台，聚焦国家和浙江"双碳"战略发展需求，以绿色技术交易为驱动力，引导技术创新，促进成果转化。

成立三年多以来，累计开展交易服务4206次，成交绿色技术成果1782项，交易金额超43亿元，其中新能源领域258项，交易金额超5.5亿元，推动海上风电谐波治理技术、220千伏新型移动变电站、电氢协同长周期零碳自洽能源管控技术等一批新能源领域绿色技术转化和产业化落地，为培育壮大绿色产业、生态文明和美丽中国、实现碳达峰碳中和贡献积极力量。

截至2024年底

累计开展交易服务
4206次

成交绿色技术成果**1782**项
新能源领域**258**项

成交金额超
43亿元

拓展新兴主体市场化交易

● 持续创新需求侧管理

持续迭代升级新型负荷管理系统功能模块，引导企业主动将高峰用电转移到低谷用电，助力填补低谷负荷，提升新能源发电消纳空间。

2024年，基于传统邀约型需求响应模式，升级打造约定型需求响应新模式，按照"一次申报、周期滚动、日前调用"原则，提前锁定响应资源，明确最大响应能力。

● 聚焦虚拟电厂运行管理水平

2023年4月，国网浙江省电力有限公司牵头编制GB/T 44241—2024《虚拟电厂管理规范》，从虚拟电厂设计规划、建设实施、并网管理、运营管理、评估分析和安全原则等方面，引导相关单位探索各类典型虚拟电厂的发展模式。

截至2024年底

累计服务**14**家
虚拟电厂

参与削峰交易**46**天
填谷交易**23**天

辅助服务交易**1803**户次
1156小时

交易电量
1355万千瓦时

推动虚拟电厂五类资源参与需求响应，将充电桩、用户侧储能、自备电厂等离散资源纳入虚拟电厂1.0建设范围，积极组织灵活资源参与需求响应开展削峰，确保虚拟电厂在电力保供中发挥实效。

● 推动新型经营主体市场化运营

2021年浙江首次开展虚拟电厂、充电桩聚合商试点参与旋转备用辅助服务交易和需求响应市场化交易，探索补贴资金从"政府补贴"向"市场疏导"转变的实现路径。

2023年，浙江新型经营主体参与市场政策迭代出台落地，规范入市标准，明确业务流程和丰富交易品种，至今共组织开展第三方辅助服务交易82场，其中，削峰55场，填谷27场，累计响应电量达27520.5兆瓦时。

2024年建成百万千瓦级市场化可调资源库，迎峰度夏期间43家虚拟电厂协同运行，最大有效调峰能力达107万千瓦，服务资源数量规模超4.6万个，位居国网经营区第一位。

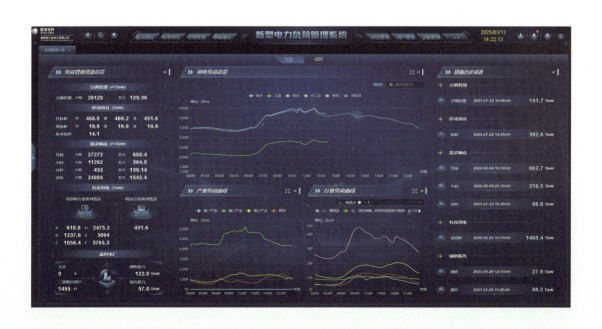

專 专栏

"阳光掌柜" ——新型电力系统背景下的用户侧能源服务数字化业务

国网浙江综合能源服务有限公司创新推出"阳光掌柜"能源服务数字化云平台，聚焦用户末端各投资方相关费用计算、收付的核心需求，通过构建科学精准的多场景计算策略库，搭建便捷高效的数字化收付平台，打造了便捷有效的市场化资源聚合模式，形成了"计收、聚合、交易"一揽子服务的"能源支付宝"服务业态，实现了"结算策略一库包揽、托收代付一件办理、业财联动一体开票、可调资源一单聚合"四大功能。

截至2024年12月底，已在浙江各县市区全覆盖推广，接入服务分布式光伏10.1吉瓦、储能947.6兆瓦时、园区150个，累计结算资金超70亿元，降低运营成本7357.2万元，节约资金成本2045.1万元，节省快递费27.6万元，降低租户电费12725.2万元，共降低用户各类成本22155.1万元。

阳光掌柜流程14个 ⟶ 3个，周期从45天缩短至最短3天

| 运营单位出具结算单 | 投资方手机端确认 | 发票开具托收代付 |

传统电站收费全流程

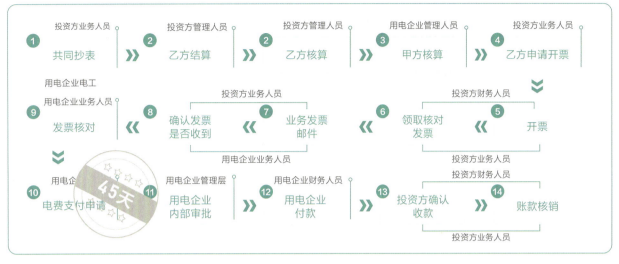

投资方业务人员
1 共同抄表

投资方管理人员
2 乙方结算

投资方管理人员
2 乙方核算

用电企业管理人员
3 甲方核算

投资方业务人员
4 乙方申请开票

用电企业电工
用电企业业务人员
9 发票核对

投资方业务人员
用电企业业务人员
8 确认发票
是否收到

7 业务发票
邮件

6 领取核对
发票

投资方财务人员
5 开票

用电企业
10 电费支付申请

用电企业管理层
11 用电企业
内部审批

用电企业财务人员
12 用电企业
付款

13 投资方确认
收款

投资方财务人员
14 账款核销

投资方业务人员

45天

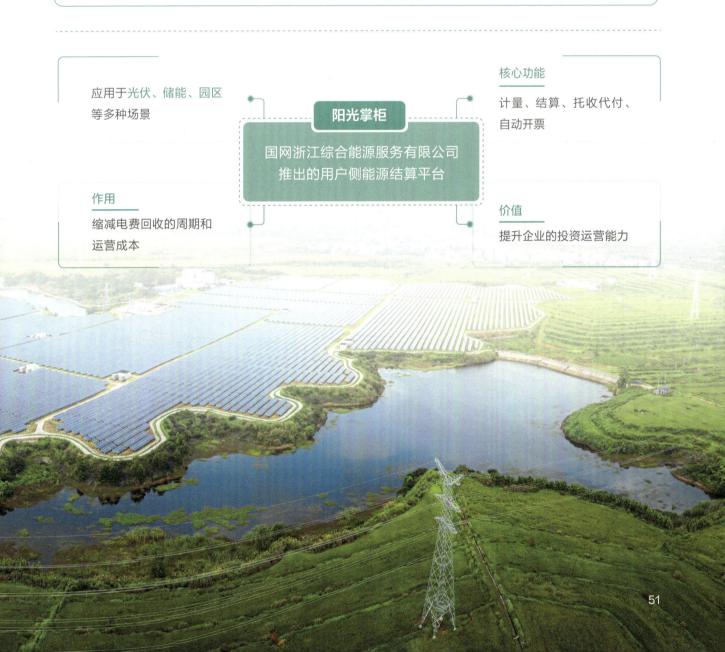

应用于光伏、储能、园区
等多种场景

核心功能
计量、结算、托收代付、
自动开票

阳光掌柜

国网浙江综合能源服务有限公司
推出的用户侧能源结算平台

作用
缩减电费回收的周期和
运营成本

价值
提升企业的投资运营能力

05

新型电力系统
示范区

2021年，国网浙江省电力有限公司开启新型电力系统省级示范区建设，以推动能源绿色低碳转型和可持续发展为出发点，多年来持续完善新型电力系统顶层设计，加快示范项目落地，着力解决新能源大发展时期电网有效应对的问题。

构建"1+3"新型电力系统体系框架

聚焦加快发展新质生产力等最新要求，因地制宜推动"资源配置型坚强主网、高效互动型新型配网、全域服务型数字电网"三张网和"市场—政策—管理"体制机制协同发展，构建电力新质生产力和新型生产关系共同演进的新型电力系统省级示范"1+3"总体框架。

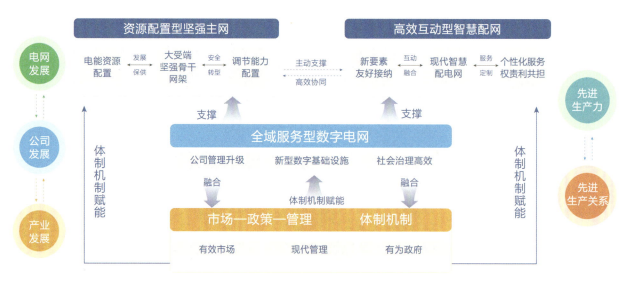

浙江新型电力系统省级示范区建设体系框架

● 绘制"一二三"发展蓝图

结合浙江资源禀赋和源网荷储发展，立足浙江"一个集群"资源特征，即山海多能互补电源集群，发挥浙江"两个枢纽"基础优势，即华东电网互联互济枢纽和能源智慧调节枢纽，紧扣绿色、安全、经济转型方向，创新构建大受端下大消纳、大枢纽下大调节、大经济下大支撑"三大场景"，绘制"一个集群、二个枢纽、三大场景"省级示范区新型电力系统发展蓝图。

源网荷储融合示范

如今，汇聚多种清洁能源的综合利用模式正成大势，风光储共建共投协调发展，不仅有利于提升系统稳定性，更能优化资源配置和能源调度，有效促进新能源消纳。

全国首个"共建共享"清洁能源汇集站
丽水缙云风光水储能源汇集站

项目于2023年8月17日正式投运，建设内容包含7万千瓦光伏项目并配套1万千瓦水电项目、0.4万千瓦储能项目以及相关110千伏主变压器，实现"多站合一，资源汇聚"。年发电量达1亿千瓦时，每年可节约标准煤1.2万吨，减少二氧化碳排放7.6万吨。

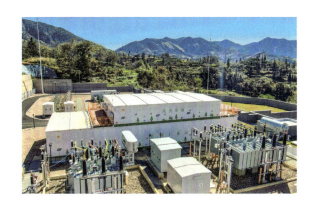

全国首个源网荷储一体化示范区
海宁尖山源网荷储一体化示范

项目于2023年10月正式投运，建设内容包含光伏37.25万千瓦、风电5万千瓦、生物质能3.5万千瓦及储能6.08万千瓦，推进光伏、储能、虚拟电厂"三位一体"综合建设。年发电量超6.1亿千瓦时，可节约标准煤约18.2万吨，减少二氧化碳排放23.2万吨。

宁波舟山港梅山低碳码头示范工程
风光储一体化项目

项目建设内容包含5台6.25兆瓦风机并配套1.72兆瓦光伏项目、1兆瓦／2兆瓦时储能项目及能源管理系统，投产后预计年发电量约5917万千瓦时，减少二氧化碳排放约2.3万吨。

先行示范窗口

● 柔性低频输电示范工程

世界首个柔性低频输电示范工程——台州35千伏柔性低频输电示范工程

工程首次实现了风电低频接入和柔性低频送出，验证了低频风电经海缆直接送出的技术可行性，为中远距离海上风电大规模送出奠定了技术基础。投运至今，已累计输送1144万千瓦时低频风电高效并网。

世界上电压等级最高、输送容量最大的柔性低频输电工程——杭州220千伏柔性低频输电工程

实现富阳和萧山南部电网柔性潮流互济、异步互联，并向亚运主场馆所在区域提供30万千瓦灵活电能支撑，为大规模海上风电汇集送出、城市电网互联及扩容等积累经验。

● **建成四大氢电耦合示范工程**

台州大陈岛氢能综合利用示范工程

充分利用海岛风电，构建"制氢—储氢—燃料电池"热电联供系统，为偏远地区绿色高效供能提供了样板。

丽水缙云水光氢生物质近零碳示范工程

利用绿氢"提纯"沼气制取生物天然气，打造了"绿电—绿氢—生物质"等多种绿色能源一体化的能源综合利用系统。

宁波慈溪氢电耦合直流微电网示范工程

以微电网形式高可靠地满足用户对电、氢、热多种能源的需求，具备7天独立运行能力，核心技术指标达到国际领先水平。

杭州钱塘氢电耦合示范工程

利用风光产生的直流绿电制氢，实现园区"电—氢—氧—热"多能互补与高效能源综合利用，打造国际首个柔性直流氢电耦合的零碳绿色示范园区。

● 新型电力系统全电磁实时仿真平台

国网浙江省电力有限公司经济技术研究院建成全国首个省地县一体化全电压宽频段数字实时仿真平台，融合了 PSModel、RT-1000、RTDS等适用不同场景的电磁暂态仿真平台，极大提升了浙江电网规划电磁暂态仿真能力，通过业界领先的仿真手段开展交直流混联主网、大规模新能源场站、高比例新能源接入系统、大规模储能电站、综合能源系统等规划仿真计算。

- 指导高比例新能源接入系统规划
- 辅助浙江省域220千伏及以上主网规划
- 支撑高比例新能源微电网和综合能源系统规划

专栏　新型电力系统建设特色实践获联合国认可

针对建设能够抵御极端自然灾害的基础设施、经济适用的清洁能源、负责任的消费生产等联合国可持续发展目标，开展新型电力系统建设特色实践，打造温州"不怕台风的电网"、实施杭州"零碳亚运"行动、构建小微企业园区综合能源"五全"服务模式等5个项目入选联合国2020年面向可持续发展目标的全球优秀实践项目，形成能源低碳发展的浙江实践示范。

● 宁波北仑灵峰轻量化中压柔性互联装置

宁波北仑轻量化中压柔性互联装置兼顾经济性、可靠性、小型化和低损耗等多项优势，装置占地面积减少80%、造价降低70%、效率提升至99%以上，转供响应时间不大于20毫秒，实现了变电站与变电站之间"无时差"互济转供，互为保障，在推动"新能源就地就近消纳、分层分级接入、区域互联互通"的新型配电系统形态构建中具有积极意义，符合现代城市、工业园区等区域配电网建设的要求，既保障供电又节约资源。

● 国内首套220千伏海上风电高压有源谐振抑制装置

面向海上风电并网电能质量提升需求，国网浙江省电力有限公司电力科学研究院牵头研发的高压有源谐振抑制技术，突破高压有源谐振抑制装置控制保护、多机协同策略等关键难题，研制了国内首套220千伏海上风电高压有源谐振抑制装置，打造了浙江岱山海上风电场群谐振协同治理示范工程。

工程投运后

华能鱼海风电场、中广核岱山风电场5次谐波电流平均下降49%，区域220千伏电网5次谐波电压下降26%，有效改善了海岛电网供电质量，保障了海上清洁能源的可靠消纳。

5次谐波电流平均

下降**49**%

5次谐波电压

下降**26**%

06

创新与合作

十年如一，国网浙江省电力有限公司始终坚持加强新能源技术创新，积极参加国际与国内交流活动，推动公益在新能源方面的投入，进一步深化新能源领域交流合作。加大新能源科技研发投入，累计开展新能源领域科研项目近437项。进一步推动完善新能源标准体系建设，累计主导制定新能源类国际标准12项、国家标准25项、行业标准26项和企业标准28项。

科研投入持续提升

2024年，国网浙江省电力有限公司在新能源领域共立项科技项目164项。

专栏　持续发力国家级实验平台争创工作

成功入选国家能源局创新平台"源网荷储互动协同的新型电网"赛道，1家实验室获评浙江省重点实验室、6家实验室获评国家电网有限公司实验室，并同步开展省公司级实验室新一轮合并重组，不断夯实"国家—国网—公司"三级实验研究基础。

分布式电源和微电网控制技术实验室	能效评估与用能优化技术实验室（培育）	电力器材安全性能检测技术实验室
配电网智能化应用技术实验室（培育）	海洋输电工程技术实验室	多元化用户服务技术实验室

面向新能源攻关新型电力系统技术

● 特高压柔性直流技术研究

针对新型电力系统背景下受端电网弱支撑型电源占比持续提升、电网支撑能力显著不足的问题，探索掌握主动支撑型特高压柔性直流技术，为电网提供惯量、频率、电压、阻尼等多维度主动支撑。

开展柔性直流多维度主动支撑控制技术研究

面对愈加严峻的系统安全形势，提出面向受端电网稳定特性提升的柔性直流多维度主动支撑控制方案，形成柔性直流频率、电压、惯量、阻尼多维控制体系，满足受端电网实际运行的稳定性需求。

开展具备主动支撑能力的柔性直流换流阀研究

解决柔性直流换流阀过负荷下电气应力大、器件散热不足、防爆/抗干扰/高电流利用率集成难题，满足惯量、频率、电压、阻尼等多维度主动支撑需求。

● 新能源主动支撑技术研究

新能源大规模并网后，电力系统呈现"双高"（高比例可再生能源、高比例电力电子设备）特点，对电源调节能力需求增加，新能源频率电压主动支撑能力不足的问题凸显，针对该问题开展新能源主动支撑技术研究及示范应用，提升系统频率电压稳定性。

● 深远海海上风电送出技术研究

针对未来浙江海上风电逐步转向深远海域，工频交流输电无法满足深远海风送出要求的问题，开展了低频输电技术、二极管整流单元型直流输电技术等研究，为海上风电场发展提供技术支撑。

开展低频组网技术研究

低频输电是中距离海上风电场送出的经济高效方案，考虑浙江中远海风电资源丰富，因此低频组网技术的研究意义重大，以实现大规模中远海风电高效组网送出为目标，研究低频组网系统方案、关键装备和试验验证等关键技术。

开展轻型化直流输电技术研究

远距离海上风电通过二极管整流转换为直流后送出相比柔性直流方案具备轻型化的显著优势，研究该方案在系统拓扑构建、主回路参数优化设计、风电场集群构网控制等方面的关键技术。

● 大规模分布式光伏并网和控制技术研究

在能源低碳转型目标下，分布式光伏接入需求剧增，对中低压配电网的安全运行带来一系列挑战，开展高渗透率分布式光伏并网主动支撑与运行控制关键技术研究，围绕低压分布式光伏"可观、可测、可控、可调"目标展开应用示范。

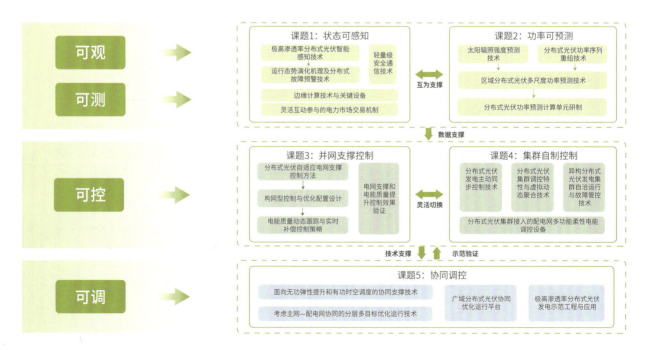

● 电氢耦合储供能及其与电网互动支撑技术研究

为克服极高比例新能源接入带来的能量平衡与稳定控制难题，促进可再生能源的就地消纳与高效利用，开展紧凑型可再生能源电热氢联产系统模块关键技术、新能源电—氢耦合故障特性与安全保护方法、电氢混合储能系统优化配置与协同调控关键技术等方面研究，提升电网承载力和灵活性，助力新型电力系统建设。

多功能转化与利用

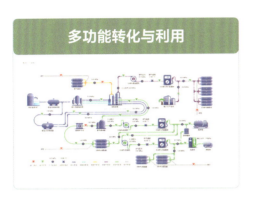

规划设计与系统集成

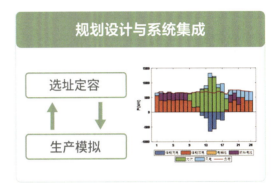

模型基础

稳定控制与自组织

自治运行与智能自愈

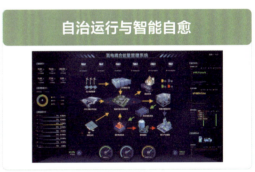

快速响应

新能源创新成果丰硕

● 标准规范逐步建立

2017—2024年底，国网浙江省电力有限公司累计参与制定新能源类国际标准12项、国家标准25项、行业标准26项和企业标准28项。

> **专栏** 《基于区块链的能源计量数据共享架构》
>
> 国网浙江省电力有限公司电力科学研究院牵头申报的ITU-T（国际电信联盟电信标准化部门）国际标准于2022年1月立项，是国家电网首个立项的ITU国际标准，提出了基于区块链的能源数据共享框架，通过区块链构技术建立去中心化的能源数据共享平台，解决多相关利益主体对数据的信任问题，为能源数据共享提供了参考标准，有利于推动绿证等能源数字产品的国际化。
>
>

● 专利实现量质齐飞

2015年至今，国网浙江省电力有限公司持续加强新能源技术创新，十年间发明专利申请数累计达2076项，授权专利达631项。

2015—2024年新能源领域专利累计申请、授权情况　　　　　　　█ 申请专利　█ 授权专利

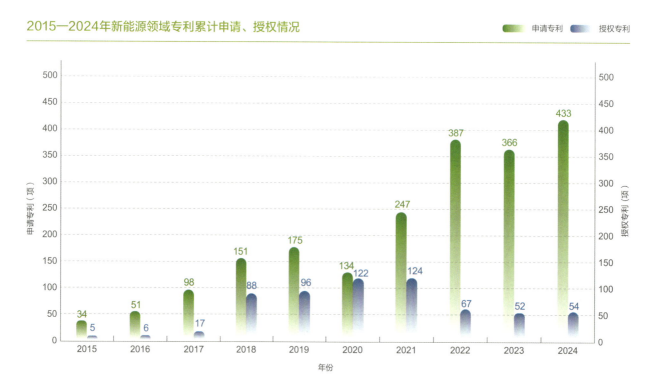

● 科技奖项硕果累累

2016年至今，国网浙江省电力有限公司在新能源领域获行业及以上科技类奖项共42项，其中获国家科技进步奖1项、省级层面奖项21项。

2020年度国家科学技术进步奖二等奖

含高比例新能源的电力系统需求侧负荷
调控关键技术及工程应用

2021年度浙江省科学技术进步奖一等奖

含高比例分布式新能源的交直流混合微网
自主协同调控技术及应用

2022年度浙江省科学技术进步奖一等奖

园区多能互补系统高效运行关键
技术及应用

2022年度中国电力科学技术进步奖一等奖

面向多功能复用的储能电站优化配置
与控制关键技术及应用

2024年度中国电力科学技术进步奖一等奖

大规模分布式资源与电网协同互动关键
技术研发及产业化

📋 **专栏**　关键技术拿下国家科技进步大奖

牵头完成的"含高比例新能源的电力系统需求侧负荷调控关键技术及工程应用"成果获国家科技进步奖二等奖，成果有效解决集中式负荷消纳新能源、分散式负荷聚合调峰和源荷互动防控风险三大技术难题，进而减轻发电侧调峰、调频压力，减少发电煤耗120万吨/年。

成果现已规模化应用至浙江、河北、上海、重庆等11个省(市)，覆盖中国尊、浦东机场等657栋大型建筑及上海世博园等48个园区，并推广至吉隆坡、迪拜等地的海外工程中。

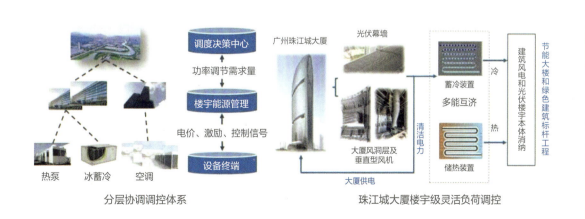

分层协调调控体系　　　　　　　　　　　珠江城大厦楼宇级灵活负荷调控

持续推动社会共同履责

向海内外展示可持续发展方案：2023年12月7日，作为《联合国气候变化框架公约》第二十八次缔约方大会（COP28）的活动之一，中阿绿色价值峰会在阿联酋迪拜举行，国网浙江省电力有限公司受邀参加并现场发布了能源大数据支撑城市绿色低碳发展、服务助力首届碳中和亚运会、"绿电方舟"公益项目、电网助力城市发展与湿地保护等多个可持续发展方案。

持续开展公益工作：聚焦"服务乡村振兴、服务绿色低碳发展、扶危济困、奉献爱心"四大主题，围绕"双碳"、生物多样性等重点议题，积极打造一批社会影响力强、群众认可度高的公益品牌，创新开展系列特色公益实践，用善心善行展现责任央企的担当和作为。

07

行动与倡议

实现碳达峰碳中和，需要全社会各行业共同努力，践行"两山"理念，推进绿色低碳发展。浙江将立足"山海多能互补电源集群"的资源特征，发挥浙江区域电网互济枢纽、能源智慧调节枢纽这"两个枢纽"的基础优势，通过构建大受端下大消纳、大枢纽下大调节、大经济下大支撑"三大场景"，加速迈步能源的绿色、安全、经济转型。

聚焦能源供给清洁化

全力支撑新能源科学发展，多渠道拓展外来清洁电力，合理高效利用化石能源，构建多元协同发展的清洁能源供应体系，科学有序安排新增电源装机规模、结构和布局，引领清洁低碳供应体系结构性优化。

聚焦新型电力系统省级示范区建设

紧扣"走在前、作示范，打造示范窗口"目标定位，坚决贯彻国家关于构建"清洁低碳、安全充裕、经济高效、供需协同、灵活智能"新型电力系统的要求，打造电力特色低碳零碳试点示范，加快推进省级示范区建设不断迭代、持续升级，为打造新型电力系统先行示范贡献浙工力量。

聚焦能源技术和数字变革

加快创新变革带动全局突破，打造绿色低碳能源服务体系，建立数字化碳电协同平台和"双碳"数字技术支撑体系，引领绿色低碳产业科技革命和智慧转型。

聚焦能源体制机制变革

建立健全能源管理制度规范，在低碳发展支持政策上重点取得突破，拓展碳—能—电协同市场体系，构建浙江绿色交易生态体系，引领资源要素优化配置多轮驱动。扩大绿色电力市场交易规模，深化绿色技术交易体系、评估体系和服务体系，打造我国绿色技术创新体系示范样板。

图书在版编目（CIP）数据

国网浙江省电力有限公司服务新能源高质量发展报告.2025/国网浙江省电力
有限公司组编.-- 北京:中国电力出版社,2025.6.-- ISBN 978-7-5239-0123-6

Ⅰ.F426.61

中国国家版本馆 CIP 数据核字第 2025UP2958 号

出版发行：中国电力出版社
地　　址：北京市东城区北京站西街 19 号（邮政编码 100005）
网　　址：http://www.cepp.sgcc.com.cn
责任编辑：赵　杨（010-63412287）
责任校对：黄　蓓　郝军燕
装帧设计：张俊霞　永诚天地
责任印制：石　雷

印　　刷：北京博海升彩色印刷有限公司
版　　次：2025 年 6 月第一版
印　　次：2025 年 6 月北京第一次印刷
开　　本：889 毫米 ×1194 毫米　16 开本
印　　张：5
字　　数：171 千字
定　　价：80.00 元